**CÍRCULO
DE POEMAS**

Inferninho

Natasha Felix

Saberes corporificados. E a música como escrita intensiva e material desse corpo. Da cosmovisão às cosmofonografias.

GG Albuquerque, *Mega embrazamento avançado*

Na origem, todo ritmo é um ritmo de corrida: o martelar dos pés sobre o chão, o martelar do coração dentro do peito, o martelar das mãos sobre o couro estendido. É antes de tudo por meio do ritmo que o nègre [*preto velho*] *traça uma linha de fuga.*

Dénètem Touam Bona, *Cosmopoéticas do refúgio*

Para chegar até aqui
foi preciso abandonar toda a ternura

Quando o grave bate forte

A caixa torácica deixa queimar
todos os meus sonhos
são terríveis

Mbiembiembie

o coração do primeiro som do mundo
dentro da múcua meu desejo hiperventila
fiapento esfarela as mãos e por isso fica
tem feitiço brabo nessa voz escura
como pode um zunido correr solto assim ó
fazer essa algazarra
agarrar na pele

mesmo muquiado na encolha meu desejo
vibra alto firme forte isso não
é só um estado de emergência
é um apupú um aputaro   inferninho
com dentes prontos para acordar a madrugada
vadiagem boa, manobras de risco

é bom que ninguém me filme
vou me estragar que não é pouco

Último cavalo de 2030

toda vez que cai o kudurista
                         é a poeira quem o levanta maior
gastação, suor, ossos de esponja, multidão, língua feita
                         o kudurista apavora
a cena é essa e não pode ser outra
enquanto o kudurista não volta esse comboio não sai
toda vez que o medo fizer reverência ao terror lembrar
a invenção é uma saúde o escuro nosso
pequeno armazém de cristais.

ntangu, palavra Kikongo, vem do verbo *tanga*, que pode ser traduzido por *dançar* e *ler*. e, ainda, *caminhar com os próprios pés*. é uma das três formas de falar o *tempo*.

É como conduzir eletricidade. É como um bate-estaca. Pode ser uma fritação. Pode ser uma revoada. Pode ser uma canção de ninar em 150 bpm. Pode ser um sopro leve. Pode ser uma palavra *ressoando* tão larga quanto o rio Kwanza. Pode ser a maneira como um rafeiro corre de si tão rápido até perder as próprias patas. Pode ser que não bata legal. Pode ser que faça você querer se esconder no banheiro. Pode ser que você comece a mexer os ombros ritmado. Pode ser que você perca a linha. Pode ser que você coloque a bílis para fora. Pode ser quente. Pode ser um inferninho.

Teste sonoro I

miado, granulação, microfonia, peso de porta, autotune
metalizado, faca na pedra-pomes, ruído telefônico, gás
hélio, pancada na cabeça, segredo com sede de casa, um
glitch, mentirinha, terra roxa, guitarra em pleno delírio,
bumbo seco, rugido, pleno delírio, viagem de ácido, bolha
de ar, ferro torcido, cacimbo, doce-amargo, murmúrio,
pulmão do sax, quebradeira,
rasga-mortalha, anunciação.

pesadelo mão pesada
se tu quiser me pegar
arrodeia o mar três vezes

RASGA A PISTA A NAVALHADAS

o óbito dança até a pista. e o que ferve é baile
é chão do texto. é quase como fazer com que
o seu corpo, dessa vez, retorne ingovernável.
é quase como trazer os nossos
mortos de volta.

vocês são a melhor plateia que eu poderia querer

(tem alguém aí?)

A minha música é um loop, mas é um loop que não cansa. É a coisa mais difícil de fazer. Eu não componho música, não estudei. E se me disserem que a música está em tal tom — no dó, ré ou mi —, eu não faço ideia. Minha música é só fazer e, se está dançante, está bom.
Isso quem diz é o DJ Marfox. Experimenta trocar *música* por *poema*.

Depois de uma performance péssima

(Nem cantora nem atriz. Apenas uma pessoa testando outros jeitos de falar. E se esticar os braços assim. A ideia é fazer o poema rebolar. Assistir às performances da Erykah Badu e da Juçara Marçal religiosamente. Rouba-se muito desse jeito. O erro vem melhor ainda. Diante do microfone, uma pose constrangida que não me larga. Já que não me larga, vou escolher o melhor jeito de usar. Quero ser leve. E com baixas pretensões. Quero ser furiosa. Dentes à mostra e tudo. Quero que seja divertido. O oposto do que esperam que saia da boca de alguém como eu. No tempo livre, brinco com beats. Estou indo pra um lugar-comum. A leitura está se repetindo, mesmo ritmo, mesma cara. Um produto muito comportado, ando comportada demais. Daí em diante, o negócio é testar outra vez até cansar. Sinto que a resposta está em algum lugar entre os rappers e os poetas. A resposta da pergunta que nem terminei de fazer. Agora, mais do que nunca, é preciso confiar nos quadris. Quando falo um poema, estou buscando algo que não conheço ainda. Será? Besteira da porra. Soltar mais o corpo. Saber mais o corpo em cena. Me mover comigo mesma. Não é sobre encaixar um poema em uma música. É sobre fazer com que música e palavra sejam o tipo de inimigo que precisa ser mantido por perto. Toma-se certo gosto por plugar e desplugar coisas. Chegar ao outro lado. Conduzir. Ser conduzida. Conduzir. Movimentar as peças do jogo. Ainda assim, me atrapalho com computadores e pen drives e cabos P2 e técnicos de som. Não está bom. Ainda não cheguei lá. Desse jeito, acho que convence. O intervalo entre isso e aquilo precisa se resolver melhor. Ainda não sei como fazer sem me atrapalhar um pouco. Conviver com os sons. O som *é* pensamento. O som *é* dominação. O erro faz parte do show. Um bom slogan não vai fazer seu salto ser mais real. Erra melhor. O público precisa querer dançar com você. Se não tem tesão, esqueça a ideia de verdade. Penso em Stella do Patrocínio e em Nikki Giovanni todos os dias. Cultivo pequenas obsessões, as melhores. Quero construir uma casa do outro lado do mundo. Um pouco mais embaixo da terra. Levar pessoas comigo. Seja o que for, ainda não está bom. Precisa ser mais embaixo, cavar fundo com os dedos.)

na Dira não se dorme
no Rangel não se dorme
no Marçal não se dorme
na Maré não se dorme
em Vicente de Carvalho não se dorme
na Baixada não se dorme
são teimosos

             É VADIAGEM

VANDALISMO

                CARNE DE PESCOÇO

TUDO
O QUE PRESTA E MAIS

Onda errada

Estamos em uma festa. Isso precisa ser divertido.
São duas opções. Ou essa noite é eterna,
ou essa noite é um porre.
Alguém derruba uísque com gelo de coco em mim
estou bêbada o suficiente
para fingir que não me importo.
Você, nessa altura, gostaria que eu
pintasse a paisagem do que vi.
Assumisse certos trejeitos,
recorresse às impressões mais ordinárias,
imitasse um sotaque, desse minha opinião
sobre a cultura, a política, a economia.
Negativa, de preferência, embora ponderada.
Exótica, com certeza. E esquecível.
Falaria "Extraordinário", "Que curioso",
"Qual língua eles falam lá?"
Se chegar um pouco mais perto, podemos discutir assuntos
de extrema urgência. Esse drink aguado (por exemplo),
como eu dançaria se soubesse dançar (por exemplo),
até onde os quadris podem nos levar na madrugada (por
exemplo), o que realmente significa retornar (por exemplo),
qual a sensação de vestir um pesadelo e sair de casa assim
mesmo, porque não tem escolha, pronta para fazer
algo brilhar (por exemplo).

É VADIAGEM
É VANDALISMO CARNE
DE PESCOÇO TUDO
O QUE PRESTA E MAIS

Eu não gosto de ser odiada. Eu amo ser odiada.
Esse é o momento de ser uma salafrária.
Estou estudando a possibilidade de tatuar
um aviso de gatilho.
Não me olhe por muito tempo com essa cara.
Periga o céu escorrer entre seus dedos.

É VADIAGEM VANDALISMO CARNE DE PESCOÇO TUDO O QUE PRESTA E MAIS

Gostaria, sim, que essa fosse uma noite eterna.
De repente, o texto é um set. Quente e fora de si.
Penso nisso muito malandramente. Danço para a morte, arreganhada, quase chego a encostar a língua no chão quando desço até o fundo do fundo do asfalto.
Subo e faço minha grande fala.
O paredão abafa só o necessário.

Veja bem, estou procurando certa opacidade no que falamos.

Teste sonoro II

1975 kwanzas 1922 reais
100 kwanzas é 1 real
1 real são 100 kwanzas

luanda não explica-se, vive-se

                KAZEMBA : TERRA PRETA

sb ma cu mmm ba sam
semba macumba samba [4x]

      fogueira doce Nagrelha musseque titica
      casca grossa pulso firme
      garfo faca   a frente os lados a frente os fundos
             em cima embaixo *ar gases puro*

   eu era ar gases puro
        aparelhagem

      MÁQUINA LÍRICA

mambo   colocada   *na malandragem na vadiagem*
                         como marginal como malandra
                         na vadiagem na malandragem
                         como marginal

mata bicho funghi bombó
kizaka fayita mengueleka jindungo malagueta
jugular PORTO
maravilha
rio kwanza
não percebi
      BABILAQUE senga maconha liamba

    quase talvez ainda sim
    lace front HD
    tela diamante wig patrícia
    patrocínio
    poeta patrocinada
    fino nylon 3C 4B 3A

        bate
        pista
        ferve
        set
        quente
        texto

        o verbo tem que pegar no delírio
          é o delírio do verbo

bombardeio assimilação colônia imperialismo
mutilado férias

                    imigração passaporte late
                    check in   check out
                    polícia   federal

comboio
defesa
qualidade
argumentativa
opinião
atômica
fórmica
quântica

barroco bauhaus kant blunt todavia entretanto
                                  como se diz
    tuga   TUDO O QUE APERTA RASGA

pecado martírio memória

                NAVE LOUCA

Arritmia

Meu peito radiola frenética
faz tuim e treme terra
água bocas coloca os ossos no lugar
como todo bom barulho deve ser
preciso que você não me esconda
se agora já estamos prontas para fazer a noite virar

Tamos mbora todos no apupú

Depois das cinco da manhã
tamos finalmente na mão do palhaço
a beleza é sim um método
então me prova
meu memorial minha lâmina no baile
como vai ser isso de sermos bwé felizes
debaixo dessa lona cheia de insubordinadas
enquanto essa febre durar

NOTA DA POETA

Esse lugar que você está agora é um armazém inventado. Um apupú que recebe sons sampleados de mortos e dos vivos. É possível que tenha começado há dois anos, depois da minha viagem para Luanda. Podemos dizer que durou doze dias. Podemos dizer que não acaba nunca, tanto a chegada quanto a despedida. Podemos dizer que já estivemos lá antes. Fato é que esses versos não nascem para serem domados na página, mas para voltarem sempre para o seu estado de iminência. Dentro da voz. Nas ruas e nos palcos. Além de textos novos, *Inferninho* também inclui poemas presentes na performance *APUPÚ — onde os corpos vibram*, realizada na FLIP 2023, ao lado do DJ e produtor angolano Joss Dee.

Copyright © 2024 Natasha Felix

Todos os direitos reservados. Nenhuma parte desta obra pode ser reproduzida, arquivada ou transmitida de nenhuma forma ou por nenhum meio sem a permissão expressa e por escrito da Editora Fósforo.

DIREÇÃO EDITORIAL Fernanda Diamant e Rita Mattar
COORDENAÇÃO DA COLEÇÃO E EDIÇÃO Tarso de Melo
COORDENAÇÃO EDITORIAL Juliana de A. Rodrigues
ASSISTENTE EDITORIAL Rodrigo Sampaio
REVISÃO Eduardo Russo
DIRETORA DE ARTE Julia Monteiro
IMAGEM DE CAPA Fotografias da série "Visões do Luvemba", 2021 © Caio Rosa
PROJETO GRÁFICO Alles Blau
EDITORAÇÃO ELETRÔNICA Página Viva

Dados Internacionais de Catalogação na Publicação (CIP)
(Câmara Brasileira do Livro, SP, Brasil)

Felix, Natasha
    Inferninho / Natasha Felix. — São Paulo : Círculo de Poemas, 2024.

    ISBN: 978-65-6139-007-1

    1. Performance (Arte) 2. Poesia brasileira I. Título.

24-214872   CDD — B869.1

Índice para catálogo sistemático:
1. Poesia : Literatura brasileira   B869.1

Cibele Maria Dias — Bibliotecária — CRB-8/9427

circulodepoemas.com.br
fosforoeditora.com.br

Editora Fósforo
Rua 24 de Maio, 270/276, 10º andar
01041-001 — São Paulo/SP — Brasil

A marca FSC® é a garantia de que a madeira utilizada na fabricação do papel deste livro provém de florestas gerenciadas de maneira ambientalmente correta, socialmente justa e economicamente viável e de outras fontes de origem controlada.

CÍRCULO DE POEMAS

LIVROS

1. **Dia garimpo.** Julieta Barbara.
2. **Poemas reunidos.** Miriam Alves.
3. **Dança para cavalos.** Ana Estaregui.
4. **História(s) do cinema.** Jean-Luc Godard (trad. Zéfere).
5. **A água é uma máquina do tempo.** Aline Motta.
6. **Ondula, savana branca.** Ruy Duarte de Carvalho.
7. **rio pequeno. floresta.**
8. **Poema de amor pós-colonial.** Natalie Diaz (trad. Rubens Akira Kuana).
9. **Labor de sondar [1977-2022].** Lu Menezes.
10. **O fato e a coisa.** Torquato Neto.
11. **Garotas em tempos suspensos.** Tamara Kamenszain (trad. Paloma Vidal).
12. **A previsão do tempo para navios.** Rob Packer.
13. **PRETOVÍRGULA.** Lucas Litrento.
14. **A morte também aprecia o jazz.** Edimilson de Almeida Pereira.
15. **Holograma.** Mariana Godoy.
16. **A tradição.** Jericho Brown (trad. Stephanie Borges).
17. **Sequências.** Júlio Castañon Guimarães.
18. **Uma volta pela lagoa.** Juliana Krapp.
19. **Tradução da estrada.** Laura Wittner (trad. Estela Rosa e Luciana di Leone).
20. **Paterson.** William Carlos Williams (trad. Ricardo Rizzo).
21. **Poesia reunida.** Donizete Galvão.
22. **Ellis Island.** Georges Perec (trad. Vinícius Carneiro e Mathilde Moaty).
23. **A costureira descuidada.** Tjawangwa Dema (trad. floresta).
24. **Abrir a boca da cobra.** Sofia Mariutti.
25. **Poesia 1969-2021.** Duda Machado.
26. **Cantos à beira-mar e outros poemas.** Maria Firmina dos Reis.
27. **Poema do desaparecimento.** Laura Liuzzi.
28. **Cancioneiro geral [1962-2023].** José Carlos Capinan.
29. **Geografia íntima do deserto.** Micheliny Verunschk.
30. **Quadril & Queda.** Bianca Gonçalves.
31. **A água veio do Sol, disse o breu.** Marcelo Ariel.
32. **Poemas em coletânea.** Jon Fosse (trad. Leonardo Pinto Silva).
33. **Destinatário desconhecido: uma antologia poética.** Hans Magnus Enzensberger (trad. Daniel Arelli).

PLAQUETES

1. **Macala.** Luciany Aparecida.
2. **As três Marias no túmulo de Jan Van Eyck.** Marcelo Ariel.
3. **Brincadeira de correr.** Marcella Faria.
4. **Robert Cornelius, fabricante de lâmpadas, vê alguém.** Carlos Augusto Lima.
5. **Diquixi.** Edimilson de Almeida Pereira.
6. **Goya, a linha de sutura.** Vilma Arêas.
7. **Rastros.** Prisca Agustoni.
8. **A viva.** Marcos Siscar.
9. **O pai do artista.** Daniel Arelli.
10. **A vida dos espectros.** Franklin Alves Dassie.
11. **Grumixamas e jaboticabas.** Viviane Nogueira.
12. **Rir até os ossos.** Eduardo Jorge.
13. **São Sebastião das Três Orelhas.** Fabrício Corsaletti.
14. **Takimadalar, as ilhas invisíveis.** Socorro Acioli.
15. **Braxília não-lugar.** Nicolas Behr.
16. **Brasil, uma trégua.** Regina Azevedo.
17. **O mapa de casa.** Jorge Augusto.
18. **Era uma vez no Atlântico Norte.** Cesare Rodrigues.
19. **De uma a outra ilha.** Ana Martins Marques.
20. **O mapa do céu na terra.** Carla Miguelote.
21. **A ilha das afeições.** Patrícia Lino.
22. **Sal de fruta.** Bruna Beber.
23. **Arô Boboi!** Miriam Alves.
24. **Vida e obra.** Vinicius Calderoni.
25. **Mistura adúltera de tudo.** Renan Nuernberger.
26. **Cardumes de borboletas: quatro poetas brasileiras.** Ana Rüsche e Lubi Prates (orgs.).
27. **A superfície dos dias.** Luiza Leite.
28. **cova profunda é a boca das mulheres estranhas.** Mar Becker.
29. **Ranho e sanha.** Guilherme Gontijo Flores.
30. **Palavra nenhuma.** Lilian Sais.
31. **blue dream.** Sabrinna Alento Mourão.
32. **E depois também.** João Bandeira.
33. **Soneto, a exceção à regra.** André Capilé e Paulo Henriques Britto.

Que tal apoiar o Círculo e receber poesia em casa?

O que é o Círculo de Poemas? É uma coleção que nasceu da parceria entre as editoras Fósforo e Luna Parque e de um desejo compartilhado de contribuir para a circulação de publicações de poesia, com um catálogo diverso e variado, que inclui clássicos modernos inéditos no Brasil, resgates e obras reunidas de grandes poetas, novas vozes da poesia nacional e estrangeira e poemas escritos especialmente para a coleção — as charmosas plaquetes. A partir de 2024, as plaquetes passam também a receber textos em outros formatos, como ensaios e entrevistas, a fim de ampliar a coleção com informações e reflexões importantes sobre a poesia.

Como funciona? Para viabilizar a empreitada, o Círculo optou pelo modelo de clube de assinaturas, que funciona como uma pré-venda continuada: ao se tornarem assinantes, os leitores recebem em casa (com antecedência de um mês em relação às livrarias) um livro e uma plaquete e ajudam a manter viva uma coleção pensada com muito carinho.

Para quem gosta de poesia, ou quer começar a ler mais, é um ótimo caminho. E para quem conhece alguém que goste, uma assinatura é um belo presente.

**CÍRCULO
DE POEMAS**

Este livro foi composto em GT Alpina
e GT Flexa e impresso pela gráfica
Ipsis em julho de 2024. Ou essa noite
é eterna, ou essa noite é um porre.